I SETTE SCALINI
DELLA FELICITA'

Davide Napoletani

Allenatore emozionale

I SETTE SCALINI DELLA FELICITA'

Prefazione del Dott. Mauro Verteramo

Manuale pratico per ritrovare la Speranza

www.davidenapoletani.it
ISBN: 978-1-291-51460-5

INDICE

PREFAZIONE

Il lettore che poco conosce l'autore di questo libro sarà tentato di chiedersi come mai un non addetto ai lavori si occupi di temi che comunemente praticano solo gli specialisti. A questa domanda si potrebbe rispondere che se la "psicologia" è degli psicologi la "psiche" è di tutti e chiunque, che si dica o meno, è sempre impegnato a dover(si) dare un senso e un significato proprio di come stanno le cose in quel territorio e di come lo si può conoscere e attraversare.

Quotidianamente la vita nelle sue gioie e difficoltà ci fa fare un lavoro psichico enorme. Anzi la nostra stessa vita si pone come il *vero* lavoro psichico.

L'autore nel suo descrivere le cose della psiche è molto vicino a questo vitalistico fluire psichico e, cogliendolo, ce lo descrive creativamente al di la di (molte volte) inutili schemi, proponendoci la mappa che lui stesso ha "esperienzialmente" trovato ed utilizzato per orientarsi e attraversare il territorio e le sue difficoltà.

Questa descrizione è ammirevole e proprio per questo motivo, perché è intrisa del suo stesso autore e della sua genuina esperienza personale, del suo attraversamento delle cose psichiche; la sua esperienza si fa indicazione per chi la vuole ascoltare.

La soggettività oggi è purtroppo un po' fuori moda, ma qui è presente e da un valore antico alla ricerca. In questo lavoro autore e libro sono intersecati e ciò che riguarda l'uno pertiene e riguarda anche l'altro.

Incontrai Davide Napoletani diversi anni fa in un corso di psicologia che tenevo presso un centro di cura. Il suo interesse alla psiche era già allora un'apertura all'accadere delle cose; lo interessava la dimensione umana e come accogliere le situazioni di vita che gli si presentavano e lo interrogavano; si intravvedeva che al di la di tutto ricercava un *suo* personale senso delle cose.

Addentrandosi nella lettura del libro non si potrà poi non cogliere nei capitoli e nella scrittura tre ingredienti o aspetti che caratterizzano lo stesso autore: l'*amore* per la qualità della vita e per l'altro; l'*entusiasmo* che viene inoculato nelle "ricette" che lui stesso ci indica per incontrare la felicità; l'importanza della *fede* in Dio come il sale necessario in tutte le ricette per questa ricerca.

Lasciando ai lettori la curiosità e il piacere di inoltrarsi e *salire*, come una scala a sette gradini le prescrizioni pratiche che l'autore ci da, e con cui ci espone il suo modo di issarsi verso l'obiettivo, non si può comunque non essere d'accordo con lui che questi tre ingredienti sono davvero fondamentali per la felicità.

A chi poi pensa che la felicità sia una cosa che non lo riguardi nella vita, non si può che consigliare comunque la *ricerca* di questi ingredienti di base... il resto verrà da se.

Maggio 2013

Dott. Mauro Verteramo

Psicologo Psicoterapeuta

www.counselingpsicosintetico.org

INTRODUZIONE

Per iniziare ti spiego cosa mi ha indotto a scrivere questo libro. Ho sempre seguito, letto e anche mi sono sforzato di vivere in prima persona la psicologia del cambiamento come stimolo per migliorarmi, progredire, evolvere in meglio, un piccolo passo ogni giorno.

Ho letto diversi libri nel corso degli anni, ma mi rendo conto che molte persone faticano a trovare del tempo per se stesse. Allora mi sono chiesto: "Perché non condividere la mia piccola esperienza e studio attraverso un semplice libro attraversi il quale trovare il trampolino di lancio per iniziare la svolta?".

Ci sono certamente autori più famosi, autorevoli e preparati di me, per percorrere il seguito della strada, ma nel frattempo mi fa piacere essere tuo allenatore nel muovere i primi passi verso un cambiamento di cui senti il bisogno.

Mi è gradito immaginare che attraverso questo libro ci siamo incontrati, ad un certo punto del cammino, la legge di attrazione ci ha avvicinati e adesso iniziamo a percorrere un pezzo di strada insieme. Se hai perso un po' l'orientamento prego Gesù perché questo libro possa essere per te strumento per riprendere la via nella giusta direzione, affinché tu possa essere pieno di Gioia, Salute e Prosperità, e possa donare tutto ciò a chiunque incontrerai nel tuo cammino.

PRIMO SCALINO

Cambiare orientamento

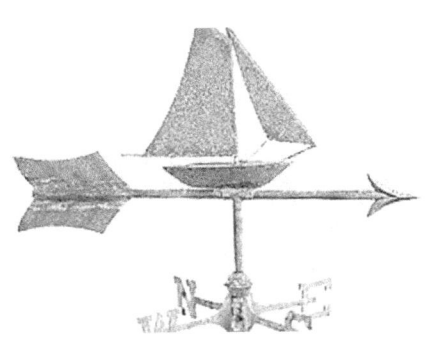

SALMO 64

A te si deve lode, o Dio, in Sion; a te si sciolga il voto in Gerusalemme. A te, che ascolti la preghiera, viene ogni mortale. Pesano su di noi le nostre colpe, ma tu perdoni i nostri peccati. Beato chi hai scelto e chiamato vicino, abiterà nei tuoi atrii. Ci sazieremo dei beni della Tua casa, della santità del Tuo tempio. Con i prodigi della Tua giustizia, Tu ci rispondi, o Dio, nostra salvezza, speranza dei confini della terra e dei mari lontani. Tu rendi saldi i monti con la tua forza, cinto di potenza. Tu fai tacere il fragore del mare, il fragore dei suoi flutti, tu plachi il tumulto dei popoli. Gli abitanti degli estremi confini stupiscono davanti ai Tuoi prodigi: di gioia fai gridare la terra, le soglie dell'oriente e dell'occidente. Tu visiti la terra e la disseti: la ricolmi delle sue ricchezze. Il fiume di Dio è gonfio di acque; Tu fai crescere il frumento per gli uomini. Così prepari la terra: Ne irrighi i solchi, ne spiani le zolle, la bagni con le piogge e benedici i suoi germogli. Coroni l'anno con i Tuoi benefici, al tuo passaggio stilla l'abbondanza. Stillano i pascoli del deserto e le colline si cingono di esultanza. I prati si coprono di greggi, le valli si ammantano di grano; tutto canta e grida di gioia.

Primo giorno del cammino, ma è meglio dire la passeggiata, la condivisione di concetti semplici e naturali che ti aiuteranno a migliorare la qualità della tua vita.

Ho visto nella mia esperienza che servono poche cose per essere felici, l'infelicità spesso per non dire sempre la procuriamo noi, complicando la semplicità della vita.

E' chiaro e scontato che la vita ha in sè la sofferenza, non possiamo fuggirla, ma possiamo sicuramente affrontarla in modo costruttivo senza aggiungerla dove non c'è. Gesù dice "Ogni giorno ha già la sua pena" senza che noi andiamo ad arrovellarci il cervello con pensieri negativi inutili e devastanti per la nostra serenità.

Come si suol dire, "è inutile tirarsela", meglio vivere serenamente la vita così come viene, concentrando gli sforzi ad un cambiamento migliorativo dei nostri pensieri, delle nostre azioni e del nostro linguaggio.

Ora ci concentriamo proprio su una conversione, su un cambiamento di visione e di prospettiva di vita.

Se fino ad oggi la lamentela ha accompagnato la tua giornata adesso fai uno sforzo e guarda un po' più lontano. Fino ad ora hai camminato in un sentiero che ti pareva oscuro ed ostile; come in ogni sentiero, ci sono sassi, buche, zone pianeggianti, ma cosa veramente meravigliosa e sensazionale... l'orizzonte!!!

Sì, hai capito bene, anche la tua vita come ogni sentiero ha un orizzonte, un paesaggio mozzafiato, che ti riempie il cuore, e ti fa ringraziare Gesù, la vita, l'universo o il tuo Dio delle magnificenze del Creato. Quindi la tua conversione in questo preciso istante è di alzare lo sguardo dai sassi, perché fino a quando è fisso su di loro ti sembrano ostacoli insormontabili o imprevisti che ti rovinano la bellezza della vita. Niente di più sbagliato, i sassi, le buche, gli ostacoli fanno parte del sentiero, come la sofferenza fa parte della vita, ma non puoi fissare lo sguardo sulla sofferenza perché questo ti precluderebbe la visione del resto meraviglioso. Adesso alza lo sguardo e comincia a guardarti intorno con occhi diversi, guarda la tua casa, la tua famiglia, le tue amicizie, le persone che incontri ogni giorno ma che non ti eri mai soffermato ad osservarne la bellezza ed unicità. Guarda al tuo lavoro, e ai tuoi colleghi di lavoro, con uno sguardo più alto, dai un colpo d'ala di gabbiano lasciati cullare dal vento e guarda tutto dall'alto, senza inquinamento, ipocrisia, rancore, rabbia... ora lascia tutto al vento, lascia che ti sfogli uno strato dopo l'altro di tutto l'appesantimento che hai dato al tuo essere in tutto questo tempo. E vedi quanto riesci a volare sempre più in alto, e a vedere le cose con un raggio di sole che le illumina e le rende uniche, irripetibili e proprio per questo meravigliose!

Non hai mai pensato che in fondo un giorno è una vita?

Ha in sè la nascita, la crescita, il declino, ed il tramonto fino ad arrivare alla morte del giorno. Nella nostra presunzione, però, diamo per scontato o addirittura dovuto che la mattina dopo possiamo risvegliarci e dare il buon giorno ai nostri cari, ai nostri colleghi, vicini, parenti, amici... ma non è così! Possiamo essere al nostro ultimo tramonto, come ad una infinità di tramonti dall'ultimo, ma è necessario vivere come lo fosse. Questo ci permette di apprezzare tutto ciò ci circonda, perché ogni attimo, sguardo, soffio di vento o raggio di sole.. E' UNICO E IRRIPETIBILE!

Ma ci pensi, il pensiero ti dà una vibrazione ed una energia unica e mai sentita prima, il sorriso di tuo figlio, tua moglie, tuo marito, quello sguardo, E' UNICO, per tutta l'eternità non si ripeterà mai più! Pensa che responsabilità, e che potere abbiamo nelle nostre mani, di donare frammenti di eternità... gocce, riflessi, che rimarranno unici per sempre. Ma oltre a questo possiamo apprezzare ogni piccola cosa del nostro partner o di chiunque faccia un pezzo di strada con noi anche se piccolo e frugale.

Puoi svoltare amico mio, puoi cambiare la tua vita cambiando la bussola, impostando il GPS verso la FELICITA'!

SECONDO SCALINO

Guarda in faccia l'infelicità

Quando cesserai di voler riempire la tua coppa di Felicità ed inizierai a riempire quella degli altri, scoprirai, con meraviglia, che la tua coppa sarà sempre piena. (P. Yogananda)

Mino Ceretti – Uomo allo specchio rotto

Ora ti faccio fare un esercizio molto pratico, e cioè scrivere nero su bianco tutto ciò che ti impedisce di essere felice, o ti causa l'infelicità.

Vedrai assieme a me che una volta scritte tante cose si sgonfieranno, e riderai di te solo per averle pensate ⅃ e questo va bene, anzi benissimo, perché saper ridere di se stessi è un primo passo verso la felicità.

Qui sotto, troverai due mappe mentali: completale con i motivi della tua felicità e della tua infelicità, vedrai cose meravigliose accadere nella tua vita.

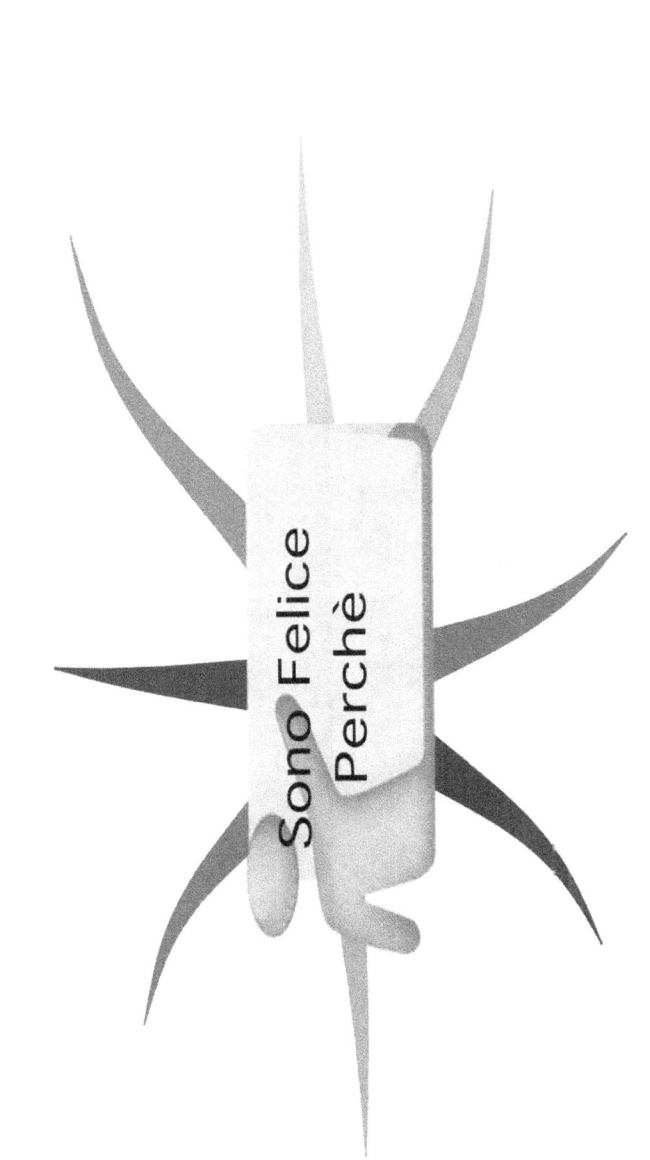

Ora scrivi tutto ciò che ti passa per la testa senza riflettere un gran che, anche perché quando sei infelice lo sei, ma non hai riflettuto a lungo se esserlo o meno...

Scrivi un motivo per ogni ramo della mappa mentale.

Non andare avanti fino a quando non avrai fatto tutto, mi raccomando ;-)

Ora passa in rassegna uno ad uno i motivi per cui dovresti essere infelice e sono sicuro che su alcuni sorriderai, su altri rifletterai se veramente vale la pena essere infelici per cose che non puoi cambiare, per cose che non dipendono direttamente da te, o per cose sulle quali hai il potere di cambiamento, e quindi è necessaria una svolta, una conversione verso la luce.

Sono infelice quando piove;

Sono infelice se perdo il lavoro;

Sono infelice quando non sono considerato dagli altri;

Sono infelice perché la mia vita è noiosa;

Sono infelice perché i miei colleghi non mi capiscono e mi vogliono male;

Sono infelice alle volte senza motivo...

Facciamo l'ipotesi che tu ti ritrovi in questi esempi e proviamo ad analizzarli uno ad uno con molta semplicità, con spirito di riflessione.

In questa fase io posso aiutarti con esempi realistici e nei quali ti puoi ritrovare, ma la cosa importante è che tu ti metta in gioco realmente e completamente, scrivendo tutto ciò che realmente ti impedisce di essere felice.

Tu sei il vero protagonista di questo libro, della tua storia, della tua vita, niente e nessuno può sostituirti, sei unico e irripetibile.

Non lasciare che la tua vita ti scorra davanti, non restare alla finestra guardando la vita passare, i bambini crescere, fidanzarsi e sposarsi e tu ritrovarti decennio dopo decennio sempre più appesantito da una vita che non ti piace.

Scuotiti, adesso, in questo preciso istante: puoi sentire l'energia che ti scorre dentro, la volontà di cambiare ed essere felice, guardando tutto ciò che ti circonda con occhi diversi.

TERZO
SCALINO

Trovare la soluzione

"Quando vedo i Tuoi cieli, opera delle Tue dita,

la luna e le stelle che Tu hai fissato,

che cosa è mai l'uomo perché di lui Ti ricordi,

il figlio dell'uomo, perché Te ne curi?

Davvero l'hai fatto poco meno di un dio,

di gloria e di onore lo hai coronato.

Gli hai dato potere sulle opere delle Tue mani,

tutto hai posto sotto i suoi piedi"

Salmo 8 (di Davide)

Sono infelice quando piove

Beh, credo che molti di noi risentano almeno un po' dei cambiamenti atmosferici, il sole senza ombra di dubbio porta all'apertura, al sorriso, alla voglia di Fare e socializzare; la pioggia magari di per sé porta un po' di più all'introspezione e al grigio umorale, anche se volendo troviamo molte cose di cui ringraziare anche quando piove. Ad esempio, ma lo saprai sicuramente, la pioggia lava l'aria ma ha un effetto molto importante sul nostro organismo; infatti scendendo trattiene gli ioni positivi corrispondenti all'inquinamento presente nell'acqua. Oltre a questo nella discesa si crea uno sfregamento, un attrito con l'aria e attraverso questo si sprigionano gli ioni negativi, minuscole particelle indispensabili al nostro organismo per assimilare l'ossigeno presente nell'aria.

Avrai sicuramente provato la vicinanza al mare, o ad una cascata, o subito dopo un forte temporale estivo, senti l'aria che è frizzante, e ti dona energia a piene mani, o a pieni polmoni.

Senza contare che la pioggia riporta acqua alle falde acquifere, riportando equilibrio.

Questo è un esempio di un motivo per cui essere felici della pioggia, ma attenzione, spesso ci roviniamo i giorni di sole pensando che tanto prima o poi pioverà!! Ma certo è naturale che pioverà, ma tu goditi il sole e non pensare a quello che verrà, goditi l'attimo unico e fuggente...

E tu di nuovo mi dirai"facile a dirsi, tu chiacchieri ed io sto male", anche qui posso darti ragione. Infatti, adesso iniziamo ad entrare del vivo delle tecniche che ti permetteranno di ritrovare serenità e felicità di vivere.

Sono infelice se perdo il lavoro

Un altro esempio di come proiezioni negative ti possano condizionare il presente al punto di essere infelice al pensiero di qualcosa che magari neanche si avvererà.

Comincia a farti qualche domanda rispondendo con sincerità e schiettezza:

Che contratto hai?

La tua paura nasce dal fatto che il tuo lavoro non ti piace e vorresti cambiarlo?

Sei felice del tuo lavoro e non vorresti perderlo?

Senza un contratto a tempo indeterminato ti manca il terreno sotto i piedi?

Per quanto tempo ancora darai ad altri il potere di renderti infelice?

Se il tuo lavoro ti piace, fallo con amore, dai tutto te stesso, vivi serenamente il tuo contratto fiducioso e sereno, ma se l'incertezza ti angoscia usa questo libro come una spinta per trovare dentro di te le risorse per prendere la vita nelle tue mani.

Se il tuo lavoro non ti piace, fallo ugualmente con amore e cerca di essere troppo grande per quel lavoro, le opportunità ci sono, ma le vedi solo se hai la predisposizione emotiva a farlo. Se nella tua vita prevale il grigio sicuramente cammini guardando l'asfalto, è necessario che tu alzi gli occhi per accorgerti dei meravigliosi colori della vita. E ogni colore è un'opportunità da amare e per amare.

Non lasciare che la rassegnazione e la rabbia abbiano il sopravvento su di te, controlla le tue emozioni e cerca lo strumento migliore per farlo.

Come ho scritto e scriverò più volte, ognuno ha il suo strumento, ma con certezza trovare una tecnica di controllo emozionale è molto importante. Le emozioni sono le vibrazioni che escono da noi, l'energia che mette in moto meccanismi di attrazione; è quindi fondamentale che le emozioni siano positive e creative.

Sono infelice quando non sono considerato dagli altri

E' necessario farsi delle domande costruttive:

Cosa devo fare per essere soddisfatto di me stesso?

Cosa c'è di me che non mi piace e che voglio cambiare?

Sono così sicuro che gli altri non mi considerino?

Ho mai chiesto a qualcuno cosa pensa di me?

Sarebbe davvero interessante fare interviste a quelli che conosciamo con una serie di domande su noi stessi! Fino qui

Una sfida davvero entusiasmante che mi è suscitata scrivendo e che sperimenterò personalmente quanto prima ;-)

Voglio davvero essere apprezzato dagli altri?

Voglio condizionare la mia felicità agli umori di chi mi vive vicino?

O la voglio condizionare al pensiero che forse qualche sconosciuto non mi apprezza per quello che sono?

E' decisamente meglio fare un passo nella direzione di essere felici e basta! Esserlo per abitudine, per impostazione mentale, poi è chiaro che c'è sempre quel quid che viene aggiunto con il vissuto e/o con la fede, ci sono anche quei momenti nei quali le ombre sembrano prendere il sopravvento, in quel caso serve anche la volontà di combattere, di fare passare nella mente un fiume di pensieri positivi, allontanando decisamente i pensieri che ci portano verso la depressione, la solitudine, l'incomprensione della vita.

I pensieri negativi sono un inganno della mente, quando lasciamo i pensieri senza timoniere, la barca allo scarroccio, tutto e di più passa nella mente senza controllo e senza filtri, anche i condizionamenti negativi che riceviamo quotidianamente dai telegiornali e dalla TV.

Dobbiamo necessariamente riappropriarci della nostra mente in primo luogo, per poi poter essere padroni o disegnatori della nostra vita.

Sono infelice perché la mia vita è noiosa

Intanto inizia a capire perché è noiosa, cosa c'è di così ripetitivo e drammaticamente uguale che ti fa etichettare la tua vita come NOIOSA.

Prova a capire secondo te cosa manca alla tua vita, o quale ingrediente manca, se sei sposato puoi trovarti nella situazione di non sopportare più la routine quotidiana, sia che tu sia una donna, moglie e mamma o che tu sia uomo, marito e papà.

Prova a privarti mentalmente di ciò che pensi che ti opprima... se tua moglie o marito o figlio o figlia venissero a mancare, potrebbe forse essere meno noiosa la tua vita?

O solo il pensiero ti turba talmente che lo allontani scaramanticamente, ma allora forse è l'atteggiamento che induce alla noia, non esattamente quello che fai o le persone che frequenti, ma come lo fai, e come vivi le relazioni.

TU PUOI essere padrone dei tuoi pensieri, della tua vita, aggiungendo un po' di pepe, e un po' di sano realismo. Alle volte è fin troppo facile e semplicistico, cambiare moglie o marito, scaricando sul partner responsabilità in realtà proprie.

Non voglio certo fare un trattato sul matrimonio, ma troppo spesso è proprio lui a pagare lo scotto di un turbinio di sensazioni e pensieri disordinati che portano a scaricare come un parafulmine sul partner tutta la propria frustrazione per una vita non vissuta al 100% ma che non significa sballare intorno ai quarant'anni e oltre in discoteche, locali ecc. in fuga da una realizzazione vera e piena della propria vita. Non certo fuggendo e soffocando la sofferenza o la propria vera persona in una ricerca spasmodica del divertimento che da solo, e non vissuto in piena consapevolezza porta solo ad allontanarsi dal proprio centro vitale, in una sorta di centrifuga che con la sua forza ci allontana, e se intraprendiamo una cammino con un'altra persona vittima della centrifuga... il rischio è grande!

Io credo ci siano al mondo oggi molte "coppie di centrifughe" sicuramente agevolati se non spinti da una mentalità insinuata nel tempo per la quale il matrimonio non ha più nessun valore, e non ha significato considerarlo un valore per la vita, ma un passaggio, un'esperienza troncabile in qualsiasi momento in virtù di una libertà troppo a lungo repressa.

Io credo nella forza sociale di una famiglia che dura nel tempo, del valore educativo che può avere per i figli una coppia di genitori che sa affrontare consapevolmente le difficoltà, stringere i denti per fare un passo in avanti, salire uno scalino nella scala della consapevolezza di sé.

Sono infelice perché i miei colleghi non mi capiscono e mi vogliono male

La cosa più affascinante che possa esserci al mondo è la conoscenza delle persone, e la loro capacità di conferma e smentita delle nostre aspettative, sottolineo "LE NOSTRE ASPETTATIVE". Perché ho volutamente sottolineato _le nostre aspettative_?

Perché molto spesso ancora una volta sono i nostri pensieri a farla da padroni, creando e distruggendo tutto ed il contrario di tutto in un nano secondo. E non solo, infatti le nostre relazioni a volte sono viziate e condizionate dai nostri pensieri, se abbiamo etichettato una persona come antipatica, o acida, opportunista, insensibile, fredda, cinica, esuberante, leale, disonesta, bugiarda, cattiva, egoista ecc. e magari solo per uno sguardo, un atteggiamento, una parola... o solo per questione di pelle! Difficilmente poi diamo a questa persona la possibilità di _difendersi_, di farsi conoscere, di farci entrare in un piccolo spazio del suo infinito universo interiore, bloccati come siamo dal macigno che noi abbiamo messo prima ancora di avvicinarci, davanti alla sua entrata.

Ma che fascino conoscere una persona nuova, ma che fascino riscoprire in un collega o vicino di casa una persona nuova, diversa dagli schemi che gli abbiamo messo addosso a sua insaputa, che meraviglia scoprire qualcosa del suo vissuto, avere il

PASS per entrare in visita, con molto rispetto, capacità di ascolto ed osservazione, lavandosi occhi e orecchie per non pregiudicare il tutto, nel suo universo, nella sua casa interiore, nella parte di casa che lui intende farci visitare.

Che bello capire che dietro a degli atteggiamenti che ti infastidiscono (anche qui meriterebbe una riflessione) si scopre una persona che forse solo si difende, che ha sofferto tanto, è stata tradita, e ora la sua porta la difende a 100mt con un cartello SPARO A VISTA A CHI SI AVVICINA, ma nella realtà c'è un grande desiderio di avere ospiti a casa, poter accendere il caminetto e sorseggiare un caffè con qualcuno chiacchierando con calore umano.

Sono infelice alle volte senza motivo...

Quanto è importante darsi una ragione delle cose, motivare un' azione, una parola, perché la vita è costituita di azioni, di parole, di silenzi, di emozioni... ma se non motiviamo una sola di queste cose è come se sminuissimo il valore stesso della vita.

Quando ti capita di esserlo senza motivo, issa le vele e rimettiti al timone, perché stai lasciando la barca allo scarroccio, stai lasciando che nella tua mente non ci sia ordine, disciplina, e tutto avviene senza senso, in completa anarchia. Mettiti sul ponte di comando e impartisci istruzioni affinché la barca riprenda a navigare correttamente verso la felicità.

Se serve datti delle sgridate, urla ai tuoi pensieri balordi BASTA ADESSO, FUORI DI QUI!

Riprendi il controllo con una azione precisa, fai qualcosa che ti piace e ti impegna, vai a giocare con tuo figlio, non è mai tempo perso, vai da tuo marito o tua moglie, riprendi in mano quella cosa che ti tormenta da tanto ma la pigrizia ti ha sempre impedito di farlo, sistema l'armadio, la cantina, ordina le foto, fare un po' di sano clutter in casa, gettando via tutte quelle carte e cose inutili tenute da chissà quanto tempo per chissà quale ragione.

QUARTO
SCALINO

Fare un programma

Ma come, sarà la tua prima reazione, la felicità non si può programmare!

Io dico di si, si può programmare e ci si può allenare ad essa, allo stesso modo con cui si può preparare una gara olimpionica, una partita di calcio o di pallavolo o di qualsiasi altro sport. Per preparare un campionato di un qualsiasi sport, serve programmazione e duro allenamento, se non si accetta il sacrificio dell'allenamento, non si raggiungeranno grandi risultati.

Nella tua vita è la stessa cosa, solo che alle volte, sempre facendo il parallelo con lo sport, si vive nella paura di infortunarsi, e di non arrivare all'obiettivo, di saltare l'appuntamento più importante. ADESSO E PROPRIO ADESSO è importante che tu riprenda il controllo della rotta, del vento, delle vele, e mettere in atto una sinergia di forze che ottengono il miglior risultato con il minimo sforzo, sfruttando proprio le risorse naturali, le forze della natura, conoscendole per metterle al nostro servizio, non per snaturarle o per sfruttarle impropriamente, ma perché ci aiutino a raggiungere il target.

Quindi si può programmare la felicità?

SI

Ed ora iniziamo a stilare un programma che ti aiuti a intraprendere la strada per la felicità facendo esattamente come faremmo per preparare un campionato di calcio!

Questo libro è lo step iniziale, il full immersion, il ritiro per formare una base atletica tosta che ci permetta di affrontare una stagione lunga e intensa con profitto e risultati.

TRAINING PER LA FELICITA'

Prima settimana

Mattino appena alzato

"GRAZIE GESU' PER IL DONO DELLA VITA E DELLA VITA DI CHI MI STA ACCANTO, (E SE NON VIVI DA SOLO GUARDA E BACIA CHI HAI VICINO A TE!)"

Dopo aver lavato la faccia

"GRAZIE GESU' PERCHE' HO L'USO DELLE MANI"

Prima di colazione

"GRAZIE GESU' PER QUESTO CIBO E PERCHE' POSSO NUTRIRMI AUTONOMAMENTE"

Prima o mentre vai al lavoro

"GRAZIE GESU' PER IL LAVORO CHE HO, CHE MI PERMETTE DI VIVERE E DI RELAZIONARE, GRAZIE PER IL DONO DEI MIEI COLLEGHI/GHE, PERCHE' MI AIUTANO A LORO MODO AD ESSERE OGNI GIORNO UN POCHINO MIGLIORE."

Prima di pranzo

"GRAZIE GESU' DI QUESTO CIBO, GRAZIE PERCHE' OGGI CONTRIBUIRO' CON IL TUO AIUTO AL BENESSERE DI QUALCUNO CHE INCONTRERO' "

Terminato il lavoro

"GRAZIE GESU' DEL LAVORO OGGI SVOLTO, TE LO OFFRO. BENEDICI COLORO CHE HANNO LAVORATO ASSIEME A ME, PERDONAMI SE

NON SONO RIUSCITO A FARE
SENTIRE LORO IL TUO AMORE"

Prima di cena

"GRAZIE GESU' DI QUESTO CIBO,
GRAZIE SE OGGI HO CONTRIBUTO
CON IL TUO AIUTO AL BENESSERE
DI QUALCUNO CHE HO
INCONTRATO"

Prima di coricarsi

"GRAZIE GESU' DI QUESTA
GIORNATA, DI QUESTA VITA CHE MI
HAI DONATO, SCUSA SE NON E'
STATA ALL'ALTEZZA DELLE TUE
ASPETTATIVE MA GRAZIE DELLA
GIOIA CHE MI DAI."

Ma che cosa è questa cosa: un sermone?!

No, stai tranquillo. Ma per lavorare con i doni che abbiamo ricevuto è bene allenarci alla consapevolezza che tutto è dono: questo aiuta ad avere il cuore pieno di gratitudine, base essenziale per lavorare con noi stessi e con gli altri con successo.

Io ringrazio Gesù, tu hai la libertà di scegliere... ma comunque sia, ringrazia!

Questo è un primo programma che proseguiremo e approfondiremo nei prossimi capitoli.

Quinto Scalino

Allenarsi al miglioramento del linguaggio

Ed eccoci alla seconda fase di programmazione, l'importanza del linguaggio, quanto poco ci ascoltiamo e quanto possiamo crescere e migliorare facendo solo e semplicemente questo: ASCOLTARCI PER MIGLIORARE.

Abbiamo visto precedentemente che un grosso problema è il controllo della nostra mente, dei nostri pensieri. Nella nostra mente noi non dobbiamo fare RAFTING andando, sopravvivendo, seguendo la corrente, ma dobbiamo issare le vele, metterci al timone ed orientare tutte le nostre energie alla felicità nostra e di chi incontriamo.

Il linguaggio è ciò che esce dalla nostra mente e che come lame taglienti, fende le persone ma incide anche la nostra vita, creando dei condizionamenti inconsci al nostro cervello ai quali lui obbedisce ciecamente prendendoli come ordine. Ed ecco che il nostro cervello si attiva come un perfetto computer unito a GPS per farci raggiungere la meta che così insistentemente nominiamo!

"Sono stanco!" "Sono stufo di questa vita!" "Il mio lavoro mi fa schifo!" "Sono infelice!" "Non sarò mai felice!" "Nessuno mi capisce!" "Non ce la farò mai!" "Che scatole!" "Ancora un'altra giornata uguale alle altre!" "Odio questo lavoro!" "Odio i miei colleghi!" e credo che tu potrai arricchire notevolmente questo elenco, siamo così bravi ad arricchire il vocabolario delle negatività!

Adesso credo tu comincerai a capire quanto è importante l'ascoltarsi, perché in questo modo riuscirai a correggerti, togliendo gli imput negativi che diamo al nostro cervello.

CAMBIA ROTTA! ADESSO! IN QUESTO PRECISO ISTANTE! TU PUOI SE VUOI!

Programmando ancora?

Certo, perché no, aggiungiamo imput positivi, arricchiamo il nostro vocabolario con aggettivi e affermazioni positive ed incentivanti e ascoltandoci possiamo sostituire i vocaboli negativi in vocaboli positivi. Dire a qualcuno "Hai sbagliato!" oppure dire " Ti manca qualcosa per farlo bene!" "Non hai fatto completamente giusto" "Puoi migliorare, facendo in questo modo". Se noi fossimo trattati così, o lo fossimo stati forse tante filippiche mentali non le avremmo avute, ma tutto si può superare, facendo con noi stessi quello che abbiamo appena detto di poter far agli altri.

Diamo a noi stessi la chance di cambiare, di vivere una vita piena e soddisfacente, di dare a piene mani tutto ciò che abbiamo dentro agli altri, gratuitamente, senza paura e reticenze.

Alleniamoci all'entusiasmo, all'allegria, finiamola di tenerci dentro gioie e dolori per paura di deludere qualcuno, o di perdere la stima, o che qualcuno cambi opinione su di noi. Ma d'altronde se la loro opinione su di noi è costruita su una immagine distorta che abbiamo dato di noi stessi... beh, forse è anche positivo che cambino opinione, non si può piacere a tutti, essere simpatico a tutti, le opinioni saranno diverse, a qualcuno piaceremo, ad altri no! Facciamoci una ragione di questo, altrimenti a furia di fare o non fare per compiacere ci snaturiamo, e poi per ritirare fuori "IL CHIWAWA CHE E' IN TE!" (per parafrasare il film dei cagnolini famosi) ci vuole più tempo e più sforzo.

Ma siamo qui per questo e se stai leggendo questo libro sei una grande persona, coraggiosa e determinata che vuole ritrovare la felicità sopita e soffocata dentro di te!

Quindi inizia adesso ad elencare tutte le frasi che quotidianamente ti ascolti dire e ridire, ma prendi proprio un blocco e penna e scrivi, portalo con te, o registrati, ma fa in modo che questa sera tu abbia fatto un elenco sufficientemente lungo di esclamazioni, parole, affermazioni negative che, ascoltandoti, hai detto oggi.

Ed ora inizia il cambiamento, ora, adesso, in questo preciso istante scrivi i contrari in positivo di queste affermazioni, e comincia subito a sostituirle al tuo linguaggio corrente quotidiano, dai una svolta, e questo senza mollare il "TRAINING PER LA FELICITA'".

Fare questo è come fare un Elettroshock, una scossa vitale che ti cambia visione del mondo e della vita, che ti fa tornare il sorriso, come dopo mesi di grigiore invernale torna la primavera, il sole, la fioritura, i profumi, la bellezza dell'apertura al mondo e alla vita.

TRAINING PER LA FELICITA'

Seconda Settimana

Ora, oltre a quanto svolgevamo la prima settimana, aggiungiamo un impegno. Quello di parlare in modo positivo, fermo restando che il cervello non ascolta le negazioni, cerchiamo di modificare il nostro linguaggio per farlo diventare costruttivo e non distruttivo.

Quindi se devi sferrare un attacco alla moglie o al marito... ;-) prova a farlo in modo amorevole e pieno di benevolenza, invece dei soliti:

1. "NON capisci niente!"
2. "Ma perché NON fai quello che ti dico!?"
3. "Uffa, ma NON ne combini una di giuste!?"
4. "NON mi ascolti mai!"
5. "NON ti sopporto più!"
6. "NON mi interessa niente!"

E quante ancora ne escono a iosa tutti i giorni, in tutte le case e in tutti i posti di lavoro.

Proviamo ora a cambiare direzione anche con il linguaggio, considerando che fare del bene agli altri in fondo significa farlo a noi stessi, infatti ciò che esce da noi torna con la stessa energia creando situazioni in sintonia con l'energia che è uscita da noi, o meglio che è passata attraverso di noi.

Gesù in modo molto semplice e chiaro ci ha detto:

"Come volete che gli altri facciano a voi, così fate loro (Lc 6,31)"

Noi l'abbiamo trasformata in virtù del quieto vivere in *"Non fate agli altri ciò che non volete venga fatto a noi"*. Ma Gesù non ha usato negazioni, non ha mai invitato a <u>non fare</u> ma **a fare** bene e con amore.

e ancora

"Date e vi sarà dato: ne riceverete in misura buona, pigiata, scossa e traboccante, perché con la stessa misura con cui misurate, sarà misurato anche a voi (Lc 6, 38)

Quindi proviamo a prendere le affermazioni di esempio citate prima e convertiamole in positive, facciamolo come un gioco durante la giornata, sarà divertente e costruttivo.

Primo giorno

Comprensione

"NON CAPISCI NIENTE!"

Può diventare una cosa come:

*"Certo che potresti capire meglio
quello che voglio dire! "*

Sforziamoci di orientare verso l'amore e la benevolenza tutto il nostro essere, ed il primo passo è quello di usare un linguaggio mite, amorevole, che non ferisce ma costruisce relazioni sane e vere.

In fondo quanto desideriamo che ci parlino con dolcezza e comprensione, quanto desideriamo di essere capiti. Non alterarti se chi ti sta vicino non capisce al volo quello che dici, forse è preoccupato per qualcosa e fa fatica a dirlo. Troppe volte diamo per scontato che chi ci vive accanto capisce ogni cosa, sa quello che pensiamo e ci arrabbiamo se non lo capisce! Deve capirlo! Calma e sangue freddo, non diamo per scontato nulla altrimenti corre il rischio che camminiamo per vie parallele, ognuno per la sua strada, i suoi pensieri, le sue emozioni senza condividerle, senza esprimerle... "Tanto sa che l'amo che serve dirlo" serve, serve e tanto, tutti abbiamo bisogno di sentirci amati, compresi e anche coccolati. Facciamolo per primi, abbiamo solo da guadagnarci ;-)

Secondo Giorno

umiltà

"MA PERCHE' NON FAI QUELLO CHE TI DICO?"

Può diventare:

"A me farebbe piacere se prima di fare una cosa ne parlassimo insieme"

Un invito all'umiltà e al dialogo, il nostro non è l'unico e l'indiscutibilmente giusto punto di vista. La stessa cosa la vediamo ognuno per aspetti differenti, sfaccettature diverse, filtri diversi. I filtri sono le nostre emozioni legate ad eventi vissuti che condizionano il nostro modo di vedere la stessa cosa. Se conosciamo una persona che ha vissuto in una famiglia dove il tono di voce normale è a qualche decibel in più del tuo, non è detto che quando alza la voce voglia offenderti, per lei è "normale", per cui vediamo che andiamo piano piano a scardinare anche il concetto stesso di "normalità".

Terzo giorno

Perdono

UFFA, MA NON NE COMBINI UNA DI GIUSTE?

Potrebbe diventare:

"Uffa, ma perché fai le cose giuste solo in parte!?"

Un po' più dolce come impatto, predispone al perdono, e quindi a donare amore. Ed essere amorevoli con gli altri significa esserlo con noi stessi, scommetto che qualche volta nella nostra vita abbiamo sentito queste frasi, e ci hanno comunque lasciato un segno. Qualcuno è entrato nella nostra stanza interiore ed ha scritto sui muri frasi che scritte nel nostro subconscio ci portano a riflettere sugli altri reazioni anche violente, e senza volerlo diamo continuità a queste "registrazioni" ripetendo spesso letteralmente quanto scritto.

Fare un passo dentro noi stessi e prendere coscienza delle scritte che ci sono nelle grotte del nostro io, è sicuramente liberante nelle relazioni con gli altri.

Un consiglio? EFT

Quarto giorno

Ascolto

NON MI ASCOLTI MAI!

Ed anche qui possiamo trasformare in:

"Potresti ascoltarmi molto di più!"

Questa è davvero un'arte da affinare, l'ASCOLTO.

Quanta fame e sete c'è di essere ascoltati, e quanto troppo spesso, ci dimentichiamo che anche gli altri hanno lo stesso bisogno.

Certamente non è facile, partendo esattamente dal sottoscritto, spesso sulle nuvole finché mia moglie Elena mi parla, allora lei per essere ascoltata alza la voce ed io di riflesso, che non amo la voce alta, mi irrito e chiedo che cos'abbia da gridare ;-)). Quanto poco servirebbe per vivere serenamente, un po' di attenzione e di ascolto a chi ci sta vicino e ci ama ⸪.

Quinto giorno

Sopportazione

"NON TI SOPPORTO PIU'"

Può diventare:

"In questo momento stare con te con gioia è un po' difficile!"

Ma la sopportazione mica è una cosa negativa, attenzione che non ti porti fuori strada il pensiero per il quale sopportare significa mortificarsi e mangiarsi il fegato, essere infelici e frustrati...

Qui stiamo dicendo esattamente l'opposto, la sopportazione vera è una virtù che apre il cuore al perdono. Vuol dire certo portare pazienza, ma esattamente come gli altri la portano con noi e non pensare che tutti coloro che mi stanno intorno siano solo beneficiati della mia presenza... Povero illuso ;-)

Certo che i doni che hai sono tanti e stiamo facendo questo percorso insieme proprio per tirarli fuori. Ma questo è possibile solo se camminiamo nella verità, non nell'ipocrisia, o nel falso o forzato positivismo. E' necessario fare un percorso di consapevolezza, capire la radice dei nostri limiti, delle nostre rabbie, della nostra fatica di sopportare chi ci sta vicino. Forse rispecchia così fortemente la nostra ombra (Jung) che ci disturba, ci dà rabbia, non sopportiamo i suoi comportamenti. Ora certo io non sono psicologo e non voglio sostituirmi ad essi, ma vi do qualche suggerimento da bordo campo, che vi può aprire all'azione vincente, quella che porta al goal.

Sesto giorno

Interesse sincero

"NON MI INTERESSA NIENTE!"

"Questo argomento è di poco interesse per me!"

Se ad un tuo desiderio di esprimere gioia, entusiasmo per una cosa od evento, la persona alla quale vuoi comunicare queste sensazioni, intenzioni, emozioni... si disinteressa totalmente a ciò che stai dicendo e ancor più per quello che stai cercando di esprimere attraverso quelle parole. Non è triste? Forse la tristezza è poco rispetto alla frustrazione che senti dentro di te per non essere ascoltato e compreso dalla persona a cui tieni di più.

Ma allora scusa, se tanto mi dà tanto e abbiamo visto quanto questo sia vero, sia da un punto di vista biblico, ma soprattutto per quel che ci attiene, da un punto di vista energetico, fisico e metafisico, l'energia non la vedi ma c'è, ne vedi gli effetti, vedi l'amore? No di certo, ma vedi gli effetti dell'amore. Vedi l'odio, no, è impossibile vederlo, ma vedi gli effetti devastanti intorno a te. Puoi guardare lontano e parlare di guerre, stermini, fame... ma forse puoi anche mettere a fuoco il tuo vicino, ciò che ti passa quotidianamente davanti agli occhi, che entra nelle tue orecchie, che si registra dentro di te mentre tu sei distratto. E tutto ciò condiziona la tua vita, perché "sporca" l'energia che esce da te, anche se non la vedi. Addirittura anche se pensi che non ci sia nessuna energia che esce da te. Che ci piaccia o no noi siamo permeati di energia, immersi totalmente in energie che si incrociano e si attraversano, noi siamo fatti di energia, che in questo momento ha la percezione, dimensione e composizione che noi vediamo.

Ti invito a leggere, ci sono molti libri che trattano questi argomenti affrontati da tagli e prospettive differenti, ma che si completano e ti aiutano ad essere presente e consapevole della vita che stai vivendo... Unica e come te, irripetibile, Vivi Adesso e Qui.

Vedrai che togliere le negazioni e dare una direzione costruttiva al linguaggio ti aiuterà molto a prenderti un po' in giro, e a ridicolizzare le situazioni difficili. Quindi a vivere meglio e proseguire la strada verso la felicità.

SESTO SCALINO

Sorridere a se stessi ed agli altri, augurando bene e felicità

Certo sorridere, sembra una cosa banale, scontata, ma non ci rendiamo conto della forza che ha in sé un sorriso.

E' come vedere la primavera dopo l'inverno, o vedere il sole dopo giorni di grigio, a me che amo profondamente il sole, ha suscitato una gioia e un entusiasmo incredibile. Pensa che in periodo molto lungo di grigiore invernale un giorno tra le nuvole è riuscito a passare un raggio di sole, abbiamo esultato come se avesse segnato la squadra del cuore e con mio figlio abbiamo corso da una finestra all'altra per prendere fino all'ultimo raggio, l'ultima fiammella...

Pensa che in giro ci sono molte persone che per sofferenze della vita, sfortuna, o non consapevolezza vivono perennemente nel grigio di una vita scialba, dove non ti puoi fidare di nessuno, dove ti alzi alla mattina con il pensiero di quale fregatura potrai prendere oggi. A te non è mai successo?

A me si, ed è un vivere davvero triste, sembra che tutto sia brutto, inutile, senza significato. Cammini tra la gente ma è come essere in una bolla di sapone, senti tutto ovattato, fastidioso, parli e nessuno si accorge che ci sei, che esisti, e ti senti sprofondare in un vortice che non ti permette di rialzarti, senti il nulla sotto di te e sembra che le forze per rialzarsi non ci siano...

Ma non è così, tu sei un miracolo di forza fisica, metafisica, energetica, psicoenergetica, psicologica, psichiatrica, neurologica etc... tanti sono gli aspetti per cui tu puoi affermare con certezza di essere un miracolo!

Alcuni esempi?

Nei tuoi occhi ci sono circa 110000 recettori luminosi, che ti permettono di decodificare attraverso il cervello tutti i segnali luminosi che arrivano, e puoi così leggere, vedere l'arcobaleno, osservare la velocità della formula 1, ammirare l'alba e il tramonto con tutte le sfumature meravigliosamente incantevoli.

L'amore è una forza invisibile, che ha bisogno di attenzione per essere visto, nonostante ciò, quando apri il cuore e la mente alla potenza dell'amore, è come scendesse un velo dagli occhi, e tutto ciò che prima sembrava inerme, prende vita. Quello che era grigio prende colore, quello che era scontato e indifferente, diventa forza vitale.

E tutto ciò che fai prende un gusto differente, riesci finalmente ad apprezzare i sapori della vita, ad accorgerti di quanto amore ci sia nei 100.000 battiti al giorno del tuo cuore, nel tuo respiro, nei tuoi occhi che scoprono nuove forme, nel tuo corpo che si muove, nei 6000 litri di sangue che circolano nelle tue vene ogni giorno completo, che significa 6 litri al minuto, ogni minuto il sangue fa tutto il giro dei 950 km tra vene ed arterie... Sei un miracolo!!! Sei una creatura meravigliosa!!! Siamo amati da un

Amore Infinito, Eterno che ci ha voluti, amati e desiderati da sempre.

Io credo che oggi sia una giornata miracolosa!

Oggi vale la pena di vivere, perché contestualmente vale la gioia di vivere!

E se tu sei un miracolo voluto e amato fin dall'inizio dei tempi, così è anche per le persone che ti circondano. Che meraviglia se ad ogni persona che incontri, senti un impulso di ringraziamento nel cuore, perché hai l'onore di camminare vicino ad un miracolo di Dio ;-)

Forse solo questo potrebbe bastare per farti tornare il sorriso, se tu stai leggendo, hai già di che ringraziare, se stai ascoltando l'audio book, hai già di che ringraziare. Questo non basta?

Allora ti sfido ad una gara... prova ad augurare bene ad ogni persona che vedi, e se la vedi triste augurale gioia, se la vedi rabbiosa donale pace, se la vedi disperata augurale speranza, imbronciata donale un sorriso, presa o persa nei sui pensieri augurale consapevolezza del presente, se non sai decifrare direzionale questo pensiero "Ti voglio bene, ti auguro gioia, salute e prosperità nella tua vita" oppure semplicemente "Buona miracolosa vita ;-)".

Certo che ridere alle volte sembra un'impresa titanica!

Tutti presi fin dalle prime ore del mattino a combattere con tutti, con le preoccupazioni, con il lavoro, il tempo, i ritardi, le bollette..........

Povera la nostra testa! Forse sarà il caso di trovare un modo per fermarla un attimo, se volete farvi una immagine mentale:

Immaginate di essere sopra il centro di una grande metropoli, nell'ora di punta, magari con i semafori spenti. Il Caos, migliaia di persone che imprecano, clacson che suonano, ognuno come una scheggia impazzita ad inseguire i suoi problemi. Immaginate che ognuna di quelle vite abbia un colore, tutto questo disordinato andirivieni di sicuro crea una trama così fitta da non riuscire ad identificare un disegno, una qualunque immagine reale ma semplicemente disordine.

Ora, ogni filo colorato è un nostro pensiero, veicolo senza conducente senza una meta chiara, e la trama è quello che la nostra mente dovrebbe decifrare come disegno, obiettivo, progetto, e lavorare con il Pensiero più grande per la realizzazione di quanto elaborato.

Io vedo due problemi fondamentali:

Non possiamo comunicare con l'Armonia e la Pace se non siamo in armonia e pace, la nostra parte dobbiamo farla. La Mente spesso "mente" e al nostro disordine ci risponde disordinatamente, randomicamente, prendendo i riferimenti che trova. Li va a "pescare" un po' nel subconscio dove trova scritte che riporta in luce, usandole come decodificatore per l'intreccio aggrovigliato.

L'intreccio aggrovigliato fa da barriera tra la nostra mente razionale e le nostre grotte interiori, dove sono state eseguite le scritte, quindi fino a quando lasceremo ai pensieri libero arbitrio e non decideremo di riprendere il comando, la nostra vita, i nostri risultati saranno condizionati in modo pesantissimo da questi elementi.

La nostra parte quindi è necessario farla, serve un po' di coraggio ovviamente, perché la strada per arrivare alle grotte è lunga e comunque ostacolata dalle nostre emozioni bloccate.

Quindi coraggio, comincia la giornata sorridendo alla vita e facendo più attenzione allo scorrere dei pensieri, quando ti accorgi che sei nel mezzo del traffico... alza la paletta rossa e metti un po' di ordine. Sii il vigile dei tuoi pensieri.

Secondo step trova il tuo modo per sbloccare la strada dalle emozioni bloccate (la mia è EFT e Yoga della risata)

www.davidenapoletani.it

Terzo step comincia a cancellare qualche scritta scomoda e deviante e riscrivi la gioia della tua vita, siine padrone ma come amorevole custode.

Settimo Scalino

Quanto aiuta la fede e un cuore pieno di gratitudine

Benedici, anima mia, il SIGNORE;
e tutto quello ch'è in me, benedica il Suo Santo
nome.
Benedici, anima mia, il SIGNORE
e non dimenticare nessuno dei suoi benefici.
Egli perdona tutte le tue colpe, risana tutte le tue
infermità;
salva la tua vita dalla fossa, ti corona di bontà e
compassioni;
Egli sazia di beni la tua esistenza e ti fa
ringiovanire come l'aquila.
Il SIGNORE agisce con giustizia e difende tutti
gli oppressi.
Egli fece conoscere le Sue vie a Mosè e le Sue opere
ai figli d'Israele.
Il SIGNORE è pietoso e clemente, lento all'ira e
ricco di bontà.
Egli non contesta in eterno, né serba la Sua ira per
sempre.
Egli non ci tratta secondo i nostri peccati, e non ci
castiga in proporzione alle nostre colpe.
Come i cieli sono alti al di sopra della terra,
così è grande la Sua bontà verso quelli che Lo
temono.
Come è lontano l'oriente dall'occidente, così ha
Egli allontanato da noi le nostre colpe.

Come un padre è pietoso verso i suoi figli, così è pietoso il SIGNORE verso quelli che lo temono.

Poiché Egli conosce la nostra natura; Egli si ricorda che siamo polvere.

I giorni dell'uomo sono come l'erba; Egli fiorisce come il fiore dei campi;

se lo raggiunge un colpo di vento esso non esiste più e non si riconosce più il luogo dov'era.

Ma la bontà del SIGNORE è senza fine per quelli che Lo temono, e la Sua misericordia per i figli dei loro figli,

per quelli che custodiscono il suo patto e si ricordano di mettere in pratica i Suoi comandamenti.

Il SIGNORE ha stabilito il Suo trono nei cieli, e il Suo dominio si estende su tutto.

Benedite il SIGNORE, voi suoi angeli, potenti e forti, che fate ciò ch'Egli dice, ubbidienti alla voce della Sua parola!

Benedite il SIGNORE, voi tutti gli eserciti suoi, che siete suoi ministri, e fate ciò che Egli gradisce!

Benedite il SIGNORE, voi tutte le opere Sue, in tutti i luoghi del Suo dominio! Anima mia, benedici il SIGNORE! (Salmo 103 di Davide)

Certo è evidente che io credo in qualcosa che ci trascende, che è più grande di noi semplicemente per il fatto che noi esistiamo perché Lui ci ha voluto, creato, pensato, e onestamente siccome io non sono l'unico essere vivente sulla terra, deduco che tutto ciò che mi circonda è Suo dono.

Partendo da questo presupposto e riflettendo sui risvolti miracolosi che attorniano la nostra vita e la nostra salute, credo che risulti anche abbastanza semplice e spontaneo alzarsi la mattina e dire "GRAZIE".

Parliamo e scriviamo di gratitudine, quasi fosse la scoperta del millennio ;-))

E pensare che Gesù ci aveva, già duemila anni fa, parlato della gratitudine, ma non solo parlato, quanto ha vissuto in prima persona la gratitudine. Che si lega a doppia mandata con la fede: non puoi (come dice Gesù) chiedere una cosa con la fede (certezza) di riceverla se questa non è legata alla gratitudine e cioè ringraziare al di là delle apparenze.

Ringraziare perché il desiderio è già realtà, la preghiera è già stata esaudita. Certo che tutto deve essere in sintonia con il TUTTO. Non potrà realizzarsi niente in contrasto con l'Amore, a soddisfazione del mero egoismo, quando ci ostiniamo a dire "deve essere così, deve essere così", la fede trova la sua naturale collocazione nell'abbandono, nella "navigazione" sul Fiume dell'Amore e dell'Abbondanza, e lo sguardo che ammira tanta grazia e tanta abbondanza non può che riempire il cuore di Gratitudine, Amore, Benevolenza.

Ed è vivendo in questi sentimenti che la vita diventa miracolosa, quando riesci a vedere oltre le apparenze, quando usi gli occhi della fede, e tutto intorno a te riprende vita e colore, ti accorgi che anche nel fore c'è abbondanza di amore e di miracoli. E via via che cadono dagli occhi le croste di fango impastato con la saliva, lavati con l'acqua della piscina di Siloe (cfr Gv 9,7) riusciamo a vedere in ogni cosa Amore, Vita e Benedizione.

"Allora Gesù si fermò e disse: «Chiamatelo!». E chiamarono il cieco dicendogli: «Coraggio! Alzati, ti chiama!». Egli, gettato via il mantello, balzò in piedi e venne da Gesù. Allora Gesù gli disse: «Che vuoi che io ti faccia?». E il cieco a lui: «Rabbunì, che io riabbia la vista!». E Gesù gli disse: «Va', la tua fede ti ha salvato». E subito riacquistò la vista e prese a seguirlo per la strada."
(Marco 10,51-53)

Quindi è necessario che ognuno faccia la sua parte, Dio non fa i miracoli se noi non facciamo la nostra parte, salvo casi eccezionali per i quali non ci è concesso sapere il perché.

Nel vangelo se andiamo a pescare tutti i miracoli che Gesù ha compiuto nei tre anni di vita pubblica, il minimo comune denominatore è la fede di chi riceve il miracolo, che sia guarigione fisica o spirituale, presupponendo comunque che le guarigioni fisiche siano un riflesso della guarigione interiore, Gesù vedeva e vede in trasparenza la vita di ognuno.

La gratitudine, e la fede sono due elementi fondamentali per la nostra vita, perché vedremo realizzarsi cose meravigliose lasciando agire queste forze.

Ma quella venne e si prostrò dinanzi a Lui dicendo: «Signore, aiutami!». Ed egli rispose: «Non è bene prendere il pane dei figli per gettarlo ai cagnolini». «È vero, Signore, disse la donna, ma anche i cagnolini si cibano delle briciole che cadono dalla tavola dei loro padroni». Allora Gesù le replicò: «Donna, davvero grande è la tua fede! Ti sia fatto come desideri». E da quell'istante sua figlia fu guarita. (Mt 15,21-28)

E Gesù disse al centurione: «Va', e sia fatto secondo la tua fede». In quell'istante il servo guarì. (Mt 8,13)

«Che vuoi che io faccia per te?». Egli rispose: «Signore, che io riabbia la vista». E Gesù gli disse: «Abbi di nuovo la vista! La tua fede ti ha salvato». (Lc 18,41-42)

Per compiere grandi passi non dobbiamo solo agire, ma anche sognare. Non solo pianificare, ma anche credere. (A. France)

Ora ti riporto l'introduzione del libro *"The Power di Rhonda Byrne"* che ovviamente vi consiglio assieme ad altri che poi vi citerò:

"Meriti di avere tutto quello che ami e desideri. Meriti un lavoro che ti entusiasmi e meriti di realizzare tutti i progetti che ti stanno a cuore. Meriti un rapporto felice con i tuoi familiari e i tuoi amici. Meriti di avere tutto il denaro di cui hai bisogno per vivere un'esistenza piena e fantastica. Meriti di concretizzare i tuoi sogni, nessuno escluso! Se vuoi viaggiare, meriti di farlo. Se vuoi avviare un'attività, meriti di riuscirci. Se desideri imparare a ballare o a guidare una barca o a studiare una nuova lingua, meriti di farlo. Se desideri essere musicista, scienziato, imprenditore, inventore, attore, genitore, o chiunque tu voglia essere, *meriti* di diventarlo! Quando al mattino ti svegli, devi essere entusiasta perché *sai* che quel giorno sarà pieno di grandi cose. Meriti di ridere ed essere felice. Meriti di sentirti forte e al sicuro. Meriti di sentirti bene con te stesso e di sapere che il tuo valore è inestimabile.

Naturalmente nella vita dovrai affrontare delle sfide e ti meriti anche quelle, perché ti aiuteranno a crescere, ma meriti anche di conoscere il modo per superare sfide e problemi. Meriti di essere un vincente! Meriti di essere felice! *Meriti una vita meravigliosa!"*

E l'intenzione certo non è quello di sentirsi onnipotenti, unici padroni dell'universo!
Ma avere la consapevolezza di avere in dono il potere dell'amore e della fede e non usarlo, certo ci manca qualcosa.
Ovviamente tutto ciò che viene usato per il proprio bene a scapito degli altri, creando una infelicità ad altre perone non può certo dare frutti di gioia e pace.

"L'amore è un elemento che, sebbene invisibile, è reale come l'aria o l'acqua. È una forza attiva, viva e in movimento... si muove con onde e correnti simili a quelle dell'oceano. "

Prentice Mulford (1834-1891)
Devi provare ad amare tutto ciò che ti circonda, e vedrai davvero i miracoli nella tua vita, dai amore e riceverai amore, e questa benevolenza ti aiuterà a guarire dai tuoi blocchi, dalle tue sofferenze, dai tuoi ricordi.
Non avere paura né di cercare né di chiedere "Chiedi e ti sarà dato" perché troverai la risposta ai tuoi perché, troverai la strada migliore per raggiungere i tuoi obiettivi, per capire se sono

davvero i tuoi obiettivi o se sono ereditati e respirati da qualcuno. Se il tuo correre per raggiungerli e la tua sensazione di essere su un *tapis-roulant* è dovuta dal fatto che quella non è la giusta direzione per te.

Spesso ci si chiede come trovare i blocchi che ci impediscono di essere felici, ma il segreto in fondo è molto semplice: Iniziare il cammino!

Quando prendi la decisione di camminare già è scattata una molla dentro di te, già più o meno consapevolmente hai cominciato a porti le giuste domande, del tipo:

"Come posso fare per migliorare il mio modo di cercare la professione della mia vita?"

"Come posso trovare il modo più efficace per sbloccarmi a livello emotivo?"

"Come posso migliorare i miei rapporti con le persone?"

A queste domande fatte ad immersione nell'amore di Dio, mettono in moto dei meccanismi che ti aprono porte ed ispirazioni, libri, tecniche giuste per te e la tua vita.

RINGRAZIAMENTI

I ringraziamenti quando scrivi un libro sono la cosa più doverosa ma anche la più difficile perché ognuno a suo modo, aiutandomi a crescere, ha contribuito all'ispirazione di questo libro e di quelli che seguiranno.

Inizio con il ringraziare mi moglie Elena e mio figlio Francesco che con i loro giudizi schietti e senza ipocrisia mi hanno aiutato a migliorare le banalità e rendere il testo comprensibile. Ringrazio mia nipote Luna correttrice severa e molto esigente, mia sorelle Elisabetta e Fabrizia, prime lettrici di ogni bozza di manoscritto.

Ringrazio mia mamma Mirella incredibile donna coraggiosa, piena di amore, un esempio pazzesco di fede pura e incrollabile, devo a lei il mio rapporto fraterno con Gesù e il desiderio di condividere quello che ho a beneficio degli altri.

Ringrazio mio papà, per la sua eredità spirituale, non siamo vicini fisicamente perché la vita ha portato a strade diverse, ma ho ricevuto la sua fame di sapere, e il desiderio di cercare senza stancarsi.

Ringrazio i miei nonni materni e paterni, ma in modo particolare i materni, ed in modo speciale Nonno Toni, meraviglioso esempio di paternità e di fedeltà sponsale, di rispetto delle diversità altrui e di profonda responsabilità verso la propria famiglia, quando non avevo papà, lui c'era.
Un grazie di cuore a Rita Andreetto per la sua collaborazione nella correzione del testo e per il suo incoraggiamento a proseguire questa strada.

Alcune idee:

Zero Limits Joe Vitale e Dr. Ihaleakala Hew Len

The Power – Rhonda Byrne

The Secret – Rhonda Byrne

Come migliorare il proprio stato fisico, mentale e finanziario – Anthony Robbins

Il potere dell'intenzione - Wayne Dyer

Tu sei ciò che pensi - Giuseppe Scmetti

L'Enneagramma - Richard Rohr

Se vuoi Puoi - Dott. Cerè

The Key - Joe Vitale

Wallace D. Wattles, La scienza del diventare ricchi

Prendi la vita nelle tue mani – Wayne Dyer

Puoi guarire la tua vita – Luise Hay

Io sono ok, tu sei ok – Thomas A. Harris

Ho Ho Ha Ha Ha - Davide Giansoldati

La Risposta – John Assaraf, Murray Smith

Solo per oggi cercherò di vivere alla giornata senza voler risolvere i problemi della mia vita tutti in una volta.

Solo per oggi avrò la massima cura del mio aspetto: vestirò con sobrietà, non alzerò la voce, sarò cortese nei modi, non criticherò nessuno, non cercherò di migliorare o disciplinare nessuno tranne me stesso.

Solo per oggi sarò felice nella certezza che sono stato creato per essere felice non solo nell'altro mondo, ma anche in questo.

Solo per oggi mi adatterò alle circostanze, senza pretendere che le circostanze si adattino ai miei desideri.

Solo per oggi dedicherò dieci minuti del mio tempo a sedere in silenzio ascoltando Dio, ricordando che come il cibo è necessario alla vita del corpo, così il silenzio e l'ascolto sono necessari alla vita dell'anima.

Solo per oggi, compirò una buona azione e non lo dirò a nessuno.

Solo per oggi mi farò un programma: forse non lo seguirò perfettamente, ma lo farò.

E mi guarderò dai due malanni: la fretta e l'indecisione.

Solo per oggi saprò dal profondo del cuore, nonostante le apparenze, che l'esistenza si prende cura di me come nessun altro al mondo.

Solo per oggi non avrò timori.

In modo particolare non avrò paura di godere di ciò che è bello

e di credere nell'Amore.
Posso ben fare per 12 ore ciò che mi sgomenterebbe se pensassi di doverlo fare tutta la vita.

Papa Giovanni XXIII

"TUTTO POSSO IN COLUI CHE MI DA
FORZA"

San Paolo